Rimas y leyendas
de amor

GUSTAVO ADOLFO BÉCQUER

Rimas y leyendas de amor

Antología

PLANETA

Diseño de interiores: Víctor Sabanes
Diseño de cubierta: María Inés Linares

Derechos exclusivos de edición en castellano
reservados para todo el mundo:
© 1996, Editorial Planeta Argentina S.A.I.C.
Independencia 1668, Buenos Aires
© 1996, Grupo Editorial Planeta

Planeta Colombiana Editorial, S. A.
Carrera 68A No 22-55 - Santafé de Bogotá, D.C.

Primera reimpresión (Colombia): agosto de 1998

ISBN: 950-742-777-5

Impresión y encuadernación: Editorial Linotipia Bolívar

Impreso en Colombia - Printed in Colombia

*I*ndice

Rimas

LEYENDAS

Rimas

*P*orque son, niña, tus ojos...

Porque son, niña, tus ojos
verdes como el mar, te quejas;
verdes los tienen las náyades,
verdes los tuvo Minerva,
y verdes son las pupilas
de las *houris* del Profeta.

El verde es gala y ornato
del bosque en la primavera;
entre sus siete colores
brillante el iris lo ostenta;
las esmeraldas son verdes;
verde el color del que espera,
y las ondas del océano
y el laurel de los poetas.

Es tu mejilla temprana
rosa de escarcha cubierta
en que el carmín de los pétalos
se ve al través de las perlas.

Y, sin embargo,
sé que te quejas
porque tus ojos
crees que la afean,
pues no lo creas.

que parecen sus pupilas
húmedas, verdes e inquietas,
tempranas hojas de almendro
que al soplo del aire tiemblan.

Es tu boca de rubíes
purpúrea granada abierta
que en el estío convida
a apagar la sed con ella.

Y, sin embargo,
sé que te quejas
porque tus ojos
crees que la afean,
pues no lo creas.

que parecen, si enojada
tus pupilas centellean,

las olas del mar que rompen
en las cantábricas peñas.

Es tu frente que corona,
crespo el oro en ancha trenza,
nevada cumbre en que el día
su postrer luz refleja.

Y, sin embargo,
sé que te quejas
porque tus ojos
crees que la afean,
pues no lo creas.

que, entre las rubias pestañas,
junto a las sienes semejan
broches de esmeralda y oro
que un blanco armiño sujetan.

Porque son, niña, tus ojos
verdes como el mar te quejas;
quizás, si negros o azules
se tornasen, lo sintieras.

(Serenata)

Si, al mecer las azules campanillas
de tu balcón
crees que suspirando pasa el viento
murmurador,
sabe que, oculto entre las verdes hojas,
suspiro yo.

Si, al resonar confuso a tus espaldas
vago rumor,
crees que por tu nombre te ha llamado
lejana voz,
sabe que, entre las sombras que te cercan,
te llamo yo.

Si te turba medroso en la alta noche
tu corazón,
al sentir en tus labios un aliento
abrasador
sabe que, aunque invisible al lado tuyo,
respiro yo.

Hoy la tierra y los cielos me sonríen...

Hoy la tierra y los cielos me sonríen,
hoy llega al fondo de mi alma el sol,
hoy la he visto... La he visto y me ha mirado...
¡Hoy creo en Dios!

*F*atigada del baile...

Fatigada del baile,
encendido el color, breve el aliento,
apoyada en mi brazo,
del salón se detuvo en un extremo.

Entre la leve gasa
que levantaba el palpitante seno,
una flor se mecía
en compasado y dulce movimiento.

Como en cuna de nácar
que empuja el mar y que acaricia el céfiro,
dormir parecía al blando
arrullo de sus labios entreabiertos.

¡Oh, quién así —pensaba—
dejar pudiera deslizarse el tiempo!
¡Oh, si las flores duermen,
qué dulcísimo sueño!

Cuando sobre el pecho inclinas...

Cuando sobre el pecho inclinas
la melancólica frente,
una azucena tronchada
me pareces.

Porque al darte la pureza
de que es símbolo celeste,
como a ella te hizo Dios
de oro y nieve.

Sabe, si alguna vez tus labios rojos...

Sabe, si alguna vez tus labios rojos
quema invisible atmósfera abrasada,
que el alma, que hablar puede con los ojos,
también puede besar con la mirada.

—¿Qué es poesía?, dices, mientras clavas...

—¿Qué es poesía?, dices, mientras clavas
en mi pupila tu pupila azul.
¿Qué es poesía? ¿Y tú me lo preguntas?
Poesía... eres tú.

¿Cómo vive esa rosa que has prendido...

¿Cómo vive esa rosa que has prendido
junto a tu corazón?
Nunca hasta ahora contemplé en el mundo
junto al volcán la flor.

(A ella. No sé...)

Por una mirada, un mundo;
por una sonrisa, un cielo;
por un beso... ¡Yo no sé
qué te diera, por un beso!

Cuando en la noche te envuelven...

Cuando en la noche te envuelven
las alas de tul del sueño
y tus tendidas pestañas
semejan arcos de ébano,
por escuchar los latidos
de tu corazón inquieto
y reclinar tu dormida
cabeza sobre mi pecho
diera, alma mía,
cuanto [poseo:]
¡la luz, el aire
y el pensamiento!

Cuando se clavan tus ojos
en un invisible objeto
y tus labios ilumina
de una sonrisa el reflejo,
por leer sobre tu frente
el callado pensamiento
que pasa como la nube

del mar sobre el ancho espejo,
diera, alma mía,
cuanto deseo:
¡la fama, el oro,
la gloria, el genio!

Cuando enmudece tu lengua
y se apresura tu aliento
y tus mejillas se encienden
y entornas tus ojos negros,
por ver entre sus pestañas
brillar con húmedo fuego
la ardiente chispa que brota
del volcán de los deseos,
diera, alma mía,
por cuanto espero,
la fe, el espíritu,
la tierra, el cielo.

Cuando, entre la sombra oscura...

Cuando, entre la sombra oscura,
perdida una voz murmura
turbando su triste calma,
si en el fondo de mi alma
la oigo dulce resonar,
dime: ¿es que el viento en sus giros
se queja, o que tus suspiros
me hablan de amor al pasar?

Cuando el sol en mi ventana
rojo brilla a la mañana,
y mi amor tu sombra evoca,
si en mi boca de otra boca
sentir creo la impresión,
dime: ¿es que ciego deliro,
o que un beso en un suspiro
me envía tu corazón?

Y en el luminoso día,
y en la alta noche sombría,

si en todo cuanto rodea
el alma que te desea,
te creo sentir y ver,
dime: ¿es que toco y respiro
soñando, o que en un suspiro
me das tu aliento a beber?

Sobre la falda tenía...

la bocca mi bacciò tutto tremante.
(DANTE, *Commedia*, Inf. V. 186.)

Sobre la falda tenía
el libro abierto;
en mi mejilla tocaban
sus rizos negros;
no veíamos las letras
ninguno creo;
sin embargo guardábamos
hondo silencio.
¿Cuánto duró? Ni aun entonces
pude saberlo.
Sólo sé que no se oía
más que el aliento,
que apresurado escapaba
del labio seco.
Sólo sé que nos volvimos
los dos a un tiempo,
y nuestros ojos se hallaron
¡y sonó un beso!

Creación de Dante era el libro;
era su *Infierno*.
Cuando a él bajamos los ojos
yo dije trémulo:
—¿Comprendes ya que un poema
cabe en un verso?
Y ella respondió encendida:
—¡Ya lo comprendo!

Asomaba a sus ojos una lágrima...

Asomaba a sus ojos una lágrima
y a mi lado una frase de perdón;
habló el orgullo y se enjugó su llanto,
y la frase en mis labios expiró.

Yo voy por un camino; ella, por otro;
pero, al pensar en nuestro mutuo amor,
yo digo aún: —¿Por qué callé aquel día?
Y ella dirá: —¿Por qué no lloré yo?

\mathcal{N}uestra pasión fue un trágico sainete...

Nuestra pasión fue un trágico sainete,
en cuya absurda fábula,
lo cómico y lo grave confundidos,
risas y llantos arrancan.

Pero fue lo peor de aquella historia
que, al fin de la jornada,
a ella tocaron lágrimas y risas,
y a mí, sólo las lágrimas.

Es cuestión de palabras y, no obstante...

Es cuestión de palabras y, no obstante,
ni tú ni yo jamás,
después de lo pasado, convendremos
en quién la culpa está.

¡Lástima que el Amor un diccionario
no tenga donde hallar
cuándo el orgullo es simplemente orgullo
y cuándo es dignidad!

Cruza callada, y son sus movimientos...

Cruza callada, y son sus movimientos
silenciosa armonía;
suenan sus pasos, y al sonar recuerdan
del himno alado la cadencia rítmica.

Los ojos entreabre, aquellos ojos
tan claros como el día,
y la tierra y el cielo, cuanto abarcan,
arden con nueva luz en sus pupilas.

Ríe, y su carcajada tiene notas
del agua fugitiva;
llora, y es cada lágrima un poema
de ternura infinita.

Ella tiene la luz, tiene el perfume,
el color y la línea,
la forma, engendradora de deseos,
la expresión, fuente eterna de poesía.

¿Que es estúpida? ¡Bah! Mientras callando
guarde oscuro el enigma,
siempre valdrá lo que yo creo que calla
más que lo que cualquiera otra me diga.

¡No me admiró tu olvido! Aunque, de un día...

¡No me admiró tu olvido! Aunque, de un día,
me admiró tu cariño mucho más;
porque lo que hay en mí que vale algo,
eso..., ni lo pudiste sospechar.

Si de nuestros agravios en un libro…

Si de nuestros agravios en un libro
se escribiese la historia
y se borrase en nuestras almas cuanto
se borrase en sus hojas,

¡te quiero tanto aún! ¡Dejó en mi pecho
tu amor huellas tan hondas,
que sólo con que tú borrases una,
las borraba yo todas!

Los suspiros son aire, y van al aire...

Los suspiros son aire, y van al aire.
Las lágrimas son agua, y van al mar.
Dime, mujer, cuando el amor se olvida,
¿sabes tú adónde va?

¿A qué me lo decís? Lo sé: es mudable...

¿A qué me lo decís? Lo sé: es mudable,
es altanera y vana y caprichosa;
antes que el sentimiento de su alma,
brotará el agua de la estéril roca.

Sé que en su corazón, nido de sierpes,
no hay fibra que al amor responda;
que es una estatua inanimada..., pero...
¡es tan hermosa!

Su mano entre mis manos...

Su mano entre mis manos,
sus ojos en mis ojos,
la amorosa cabeza
apoyada en mi hombro,
Dios sabe cuántas veces
con paso perezoso
hemos vagado juntos
bajo los altos olmos
que de su casa prestan
misterio y sombra al pórtico.

Y ayer... un año apenas,
pasado como un soplo,
¡con qué exquisita gracia,
con qué admirable aplomo!
me dijo al presentarnos
un amigo oficioso:
—Creo que en alguna parte
he visto a usted. ¡Ah, bobos
que sois de los salones

comadres de buen tono,
y andabais allí a caza
de galantes embrollos:
qué historia habéis perdido,
qué manjar tan sabroso
para ser devorado
sotto voce en un corro,
detrás del abanico
de plumas y de oro...!

Discreta y casta luna,
copudos y altos olmos,
paredes de su casa,
umbrales de su pórtico,
callad, y que el secreto
no salga de vosotros.
Callad, que por mi parte
yo lo he olvidado todo;
y ella... ella, no hay máscara
semejante a su rostro.

Tú eres el huracán, y yo la alta...

Tú eres el huracán, y yo la alta
torre que desafía su poder.
¡Tenías que estrellarte o que abatirme...!
¡No pudo ser!

Tú eras el océano, y yo la enhiesta
roca que firme aguarda su vaivén.
¡Tenías que romperte o que arrancarme...!
¡No pudo ser!

Hermosa tú, yo altivo; acostumbrados
uno a arrollar, el otro a no ceder;
la senda estrecha, inevitable el choque...
¡No pudo ser!

Cuando me lo contaron, sentí el frío...

Cuando me lo contaron, sentí el frío
de una hoja de acero en las entrañas;
me apoyé contra el muro, y un instante
la conciencia perdí de donde estaba.

Cayó sobre mi espíritu la noche,
en ira y en piedad se anegó el alma.
¡Y entonces comprendí por qué se llora
y entonces comprendí por qué se mata!

Pasó la nube de dolor... Con pena
logré balbucear breves palabras...
¿Quién me dio la noticia?... Un fiel amigo...
Me hacía un gran favor... Le di las gracias.

Dejé la luz a un lado, y en el borde...

Dejé la luz a un lado, y en el borde
de la revuelta cama me senté,
mudo, sombrío, la pupila inmóvil
clavada en la pared.

¿Qué tiempo estuve así? No sé; al dejarme
la embriaguez horrible [del] dolor,
expiraba la luz y en mis balcones
reía el sol.

Ni sé tampoco en tan terribles horas
en qué pensaba o qué pasó por mí;
sólo recuerdo que lloré y maldije,
y que en aquella noche envejecí.

Como en un libro abierto...

Como en un libro abierto
leo de tus pupilas en el fondo.
¿A qué fingir el labio
risas que se desmienten con los ojos?

¡Llora! No te avergüences
de confesar que me quisiste un poco.
¡Llora! Nadie nos mira.
Ya ves: yo soy un hombre... y también lloro.

Yo me he asomado a las profundas simas...

Yo me he asomado a las profundas simas
de la tierra y del cielo,
y les he visto el fin o con los ojos
o con el pensamiento.

Mas ¡ay! de un corazón llegué al abismo
y me incliné un momento,
y mi alma y mis ojos se turbaron:
¡Tan hondo era y tan negro!

Como se arranca el hierro de una herida...

Como se arranca el hierro de una herida,
su amor de las entrañas me arranqué;
aunque sentí al hacerlo que la vida
¡me arrancaba con él!

Del altar que le alcé en el alma mía,
la voluntad su imagen arrojó;
y la luz de la fe que en ella ardía
ante el ara desierta se apagó.

Aún, para combatir mi firme empeño,
viene a mi mente su visión tenaz...
¡Cuándo podré dormir con ese sueño
en que acaba el soñar!

Alguna vez la encuentro por el mundo...

Alguna vez la encuentro por el mundo,
y pasa junto a mí;
y pasa sonriéndose, y yo digo:
—¿Cómo puede reír?

Luego asoma a mi labio otra sonrisa,
máscara del dolor;
y entonces pienso: —Acaso ella se ríe,
como me río yo.

Lo que el salvaje que con torpe mano...

Lo que el salvaje que con torpe mano
hace de un tronco a su capricho un dios,
y luego ante su obra se arrodilla,
eso hicimos tú y yo.

Dimos formas reales a un fantasma
de la mente, ridícula invención,
y hecho el ídolo ya, sacrificamos
en su altar nuestro amor.

De lo poco de vida que me resta...

De lo poco de vida que me resta,
diera con gusto los mejores años,
por saber lo que a otros
de mí has hablado.

Y esta vida mortal y, de la eterna
lo que me toque, si me toca algo,
por saber lo que a solas
de mí has pensado.

*O*las gigantes que os rompéis bramando...

Olas gigantes que os rompéis bramando
en las playas desiertas y remotas,
envuelto entre la sábana de espumas,
¡llevadme con vosotras!

Ráfagas de huracán que arrebatáis
del alto bosque las marchitas hojas,
arrastrado en el ciego torbellino,
¡llevadme con vosotras!

Nubes de tempestad que rompe el rayo
y en fuego enciende las sangrientas orlas,
arrebatado entre la niebla oscura,
¡llevadme con vosotras!

Llevadme, por piedad, a donde el vértigo
con la razón me arranque la memoria.
¡Por piedad! ¡Tengo miedo de quedarme
con mi dolor a solas!

Volverán las oscuras golondrinas...

Volverán las oscuras golondrinas
en tu balcón sus nidos a colgar,
y otra vez con el ala a sus cristales
jugando llamarán.

Pero aquellas que el vuelo refrenaban
tu hermosura y mi dicha a contemplar,
aquellas que aprendieron nuestros nombres...,
¡ésas... no volverán!

Volverán las tupidas madreselvas
de tu jardín las tapias a escalar,
y otra vez a la tarde aún más hermosas
sus flores se abrirán.

Pero aquellas, cuajadas de rocío
cuyas gotas mirábamos temblar
y caer como lágrimas del día...
¡ésas... no volverán!

Volverán del amor en tus oídos
las palabras ardientes a sonar,

tu corazón de su profundo sueño
tal vez despertará.

Pero mudo y absorto y de rodillas
como se adora a Dios ante su altar,
como yo te he querido...; desengáñate,
¡así... no te querrán!

Cuando volvemos las fugaces horas...

Cuando volvemos las fugaces horas
del pasado a evocar,
temblando brilla en sus pestañas negras
una lágrima pronta a resbalar.

Y, al fin, resbala y cae como gota
de rocío al pensar
que cual hoy por ayer, por hoy mañana,
volveremos los dos a suspirar.

*E*ntre el discorde estruendo de la orgía...

Entre el discorde estruendo de la orgía
acarició mi oído,
como nota de música lejana,
el eco de un suspiro.

El eco de un suspiro que conozco,
formado de un aliento que he bebido,
perfume de una flor que oculta crece
en un claustro sombrío.

Mi adorada de un día, cariñosa,
—¿En qué piensas? —me dijo.
—En nada... —En nada, ¿y lloras? —Es que tengo
alegre la tristeza y triste el vino.

Hoy como ayer, mañana como hoy...

Hoy como ayer, mañana como hoy,
¡y siempre igual!
Un cielo gris, un horizonte eterno
y andar..., andar.

Moviéndose a compás, como una estúpida
máquina, el corazón.
La torpe inteligencia del cerebro,
dormida en un rincón.

El alma, que ambiciona un paraíso,
buscándole sin fe,
fatiga sin objeto, ola que rueda
ignorando por qué.

Voz que, incesante, con el mismo tono,
canta el mismo cantar,
gota de agua monótona que cae
y cae, sin cesar.

Así van deslizándose los días,
unos de otros en pos:

hoy lo mismo que ayer...; y todos ellos,
sin gozo ni dolor.

¡Ay, a veces me acuerdo suspirando
del antiguo sufrir!
Amargo es el dolor, ¡pero siquiera
padecer es vivir!

¿*Quieres que, de ese néctar delicioso...*

¿Quieres que, de ese néctar delicioso,
no te amargue la hez?
Pues aspírale, acércale a tus labios
y déjale después.

¿Quieres que conservemos una dulce
memoria de este amor?
Pues amémonos hoy mucho, y mañana
digámonos: —¡Adiós!

Yo sé cuál el objeto...

Yo sé cuál el objeto
de tus suspiros es;
yo conozco la causa
de tu dulce
secreta languidez.
¿Te ríes?... Algún día
sabrás, niña, por qué:
Tú lo sabes apenas,
y yo lo sé.

Yo sé cuándo tú sueñas,
y lo que en sueños ves;
como en un libro, puedo
lo que callas
en tu frente leer.
¿Te ríes?... Algún día
sabrás, niña, por qué.
Tú lo sabes apenas,
y yo lo sé.

Yo sé por qué sonríes
y lloras a la vez;

yo penetro en los senos
misteriosos
de tu alma de mujer.
¿Te ríes?... Algún día
sabrás, niña, por qué;
mientras tú sientes mucho
y nada sabes,
yo no siento ya,
todo lo sé.

\mathcal{M}i vida es un erial...

Mi vida es un erial,
flor que toco se deshoja;
que en mi camino fatal
alguien va sembrando el mal
para que yo lo recoja.

(Al amanecer)

Primero es un albor trémulo y vago,
raya de inquieta luz que corta el mar;
luego chispea y crece y se dilata
en ardiente explosión de claridad.

La brilladora lumbre es la alegría,
la temerosa sombra es el pesar.
¡Ay! ¿En la oscura noche de mi alma,
cuándo amanecerá?

Como enjambre de abejas irritadas...

Como enjambre de abejas irritadas,
de un oscuro rincón de la memoria
salen a perseguirme los recuerdos
de las pasadas horas.

Yo los quiero ahuyentar. ¡Esfuerzo inútil!
Me rodean, me acosan,
y unos tras otros a clavarme vienen
el agudo aguijón que el alma encona.

Como guarda el avaro su tesoro...

Como guarda el avaro su tesoro,
guardaba mi dolor;
le quería probar que hay algo eterno
a la que eterno me juró su amor.

Mas hoy le llamo en vano y oigo, al tiempo
que le acabó, decir:
—¡Ah, barro miserable, eternamente
no podrás ni aun sufrir!

Llegó la noche y no encontré un asilo...

Llegó la noche y no encontré un asilo;
y tuve sed... mis lágrimas bebí,
¡Y tuve hambre! ¡Los hinchados ojos
cerré para morir!

¿Estaba en un desierto? Aunque a mi oído,
de la turba, llegaba el ronco hervir,
yo era huérfano y pobre... El mundo estaba
desierto... ¡para mí!

¿*De* dónde vengo?...

¿De dónde vengo?...
El más horrible y áspero
de los senderos busca;
las huellas de unos pies ensangrentados
sobre la roca dura;
los despojos de un alma hecha jirones
en las zarzas agudas,
te dirán el camino
que conduce a mi cuna.

¿Adónde voy? El más sombrío y triste
de los páramos cruza,
valle de eternas nieves y de eternas
melancólicas brumas;
en donde esté una piedra solitaria,
sin inscripción alguna,
donde habite el olvido,
allí estará mi tumba.

¡Qué hermoso es ver el día...

¡Qué hermoso es ver el día
coronado de fuego levantarse,
y, a su beso de lumbre,
brillar las olas y encenderse el aire!

¡Qué hermoso es tras la lluvia
del triste otoño en la azulada tarde,
de las húmedas flores
el perfume aspirar hasta saciarse!

¡Qué hermoso es cuando en copos
la blanca nieve silenciosa cae,
de las inquietas llamas
ver las rojizas lenguas agitarse!

Qué hermoso es, cuando hay sueño,
dormir bien... y roncar como un sochantre...
y comer... y engordar... ¡Y qué desdicha
que esto sólo no baste!

No sé lo que he soñado...

No sé lo que he soñado
en la noche pasada.
Triste, muy triste, debió ser el sueño,
pues despierto la angustia me duraba.

Noté al incorporarme
húmeda la almohada,
y por primera [vez] sentí al notarlo
de un amargo placer henchirse el alma.

Triste cosa es el sueño
que llanto nos arranca,
mas tengo en mi tristeza una alegría...
¡Sé que aún me quedan lágrimas!

¡La vida es sueño!

Calderón

Al brillar un relámpago renacemos,
y aún dura su fulgor cuando morimos:
¡tan corto es el vivir!

La Gloria y el Amor tras que corremos,
sombras de un sueño son que perseguimos:
¡despertar es morir!

¡*Cuántas veces, al pie de las musgosas...*

¡Cuántas veces, al pie de las musgosas
paredes que la guardan,
oí la esquila que al mediar la noche
a los maitines llama!

¡Cuántas veces trazó mi silueta
la luna plateada,
junto a la del ciprés, que de su huerto
se asoma por las tapias!

Cuando en sombras la iglesia se envolvía,
de su ojiva calada,
¡cuántas veces temblar sobre los vidrios
vi el fulgor de la lámpara!

Aunque el viento en los ángulos oscuros
de la torre silbara,
del coro entre las voces percibía
su voz vibrante y clara.

En las noches de invierno, si un medroso
por la desierta plaza

se atrevía a cruzar, al divisarme
el paso aceleraba.

Y no faltó una vieja que en el torno
dijese a la mañana,
que de algún sacristán muerto en pecado
acaso era yo el alma.

A oscuras conocía los rincones
del atrio y la portada;
de mis pies las ortigas que allí crecen
las huellas tal vez guardan.

Los búhos que espantados me seguían
con sus ojos de llamas,
llegaron a mirarme con el tiempo
como a un buen camarada.

A mi lado sin miedo los reptiles
se movían a rastras;
hasta los mudos santos de granito
creo que me saludaban.

Las ondas tienen vaga armonía...

Primera voz

Las ondas tienen vaga armonía,
las violetas suave olor,
brumas de plata la noche fría,
luz y oro el día;
yo algo mejor:
¡Yo tengo *Amor*!

Segunda voz

Aura de aplausos, nube radiosa,
ola de envidia que besa el pie,
isla de sueños donde reposa
el alma ansiosa,
dulce embriaguez:
¡la *Gloria* es!

Tercera voz

Ascua encendida en el tesoro,
sombra que huye la vanidad.

Todo es mentira: la gloria, el oro;
lo que yo adoro
sólo es verdad:
¡la *Libertad*!

Así los barqueros pasaban cantando
la eterna canción
y, al golpe del remo, saltaba la espuma
y heríala el sol.

—¿Te embarcas?, gritaban; y yo sonriendo
les dije al pasar;
—Yo ya me he embarcado; por señas, que
 aún tengo
la ropa en la playa tendida a secar.

Cerraron sus ojos...

Cerraron sus ojos
que aún tenía abiertos,
taparon su cara
con un blanco lienzo,
y unos sollozando,
otros en silencio,
de la triste alcoba
todos se salieron.

La luz que en un vaso
ardía en el suelo,
al muro arrojaba
la sombra del lecho;
y entre aquella sombra
veíase a intervalos
dibujarse rígida
la forma del cuerpo.

Despertaba el día,
y, a su albor primero,
con sus mil ruidos,

despertaba el pueblo.
Ante aquel contraste
de vida y misterio,
de luz y tinieblas,
yo pensé un momento:

—¡*Dios mío, qué solos*
se quedan los muertos!

De la casa, en hombros,
lleváronla al templo
y en una capilla
dejaron el féretro.
Allí rodearon
sus pálidos restos
de amarillas velas
y de paños negros.

Al dar de las Animas
el toque postrero,
acabó una vieja
sus últimos rezos;
cruzó la ancha nave,
las puertas gimieron,

y el santo recinto
quedóse desierto.

De un reloj se oía
compasado el péndulo,
y de algunos cirios
el chisporroteo.
Tan medroso y triste,
tan oscuro y yerto,
todo se encontraba
que pensé un momento:

—*¡Dios mío, qué solos*
se quedan los muertos!

De la alta campana
la lengua de hierro
le dio volteando
su adiós lastimero.
El luto en las ropas,
amigos y deudos
cruzaron en fila
formando el cortejo.

Del último asilo,
oscuro y estrecho,

abrió la piqueta
el nicho a un extremo.
Allí la acostaron,
tapiáronle luego
y con un saludo
despidióse el duelo.

La piqueta al hombro
el sepulturero,
cantando entre dientes,
se perdió a lo lejos.
La noche se entraba,
[reinaba el silencio];
perdido en las sombras,
yo pensé un momento:

—*¡Dios mío, qué solos
se quedan los muertos!*

En las largas noches
del helado invierno,
cuando las maderas
crujir hace el viento
y azota los vidrios

el fuerte aguacero,
de la pobre niña
a veces me acuerdo.

Allí cae la lluvia
con un son eterno;
allí la combate
el soplo del cierzo.
Del húmedo muro
tendido en el hueco,
¡acaso de frío
se hielan sus huesos...!

¿Vuelve el polvo al polvo?
¿Vuela el alma al cielo?
¿Todo es [vil materia],
podredumbre y sieno?
No sé; pero hay algo
que explicar no puedo,
[que al par nos infunde
repugnancia y duelo,
al] dejar tan tristes,
¡tan solos los muertos!

Las ropas desceñidas...

Las ropas desceñidas,
desnudas las espadas,
en el dintel de oro de la puerta
dos ángeles velaban.

Me aproximé a los hierros
que defienden la entrada,
y de las dobles rejas en el fondo
la vi confusa y blanca.

La vi como la imagen
que en leve ensueño pasa,
como rayo de luz tenue y difuso
que entre tinieblas nada.

Me sentí de un ardiente
deseo llena el alma;
como atrae un abismo, aquel misterio
hacia sí me arrastraba.

Mas ¡ay! que, de los ángeles,
parecían decirme las miradas:
—El umbral de esta puerta
sólo Dios lo traspasa.

¿Será verdad que, cuando toca el sueño...

¿Será verdad que, cuando toca el sueño,
con sus dedos de rosa, nuestros ojos,
de la cárcel que habita huye el espíritu
en vuelo presuroso?

¿Será verdad que, huésped de las nieblas,
de la brisa nocturna al tenue soplo,
alado sube a la región vacía
a encontrarse con otros?

¿Y allí desnudo de la humana forma,
allí los lazos terrenales rotos,
breves horas habita de la idea
el mundo silencioso?

¿Y ríe y llora y aborrece y ama
y guarda un rastro del dolor y el gozo,
semejante al que deja cuando cruza
el cielo un meteoro?

Yo no sé si ese mundo de visiones
vive fuera o va dentro de nosotros.
Pero sé que conozco a muchas gentes
a quienes no conozco.

En la imponente nave.

En la imponente nave
del templo bizantino,
vi la gótica tumba a la indecisa
luz que temblaba en los pintados vidrios.

Las manos sobre el pecho,
y en las manos un libro,
una mujer hermosa reposaba
sobre la urna, del cincel prodigio.

Del cuerpo abandonado,
el dulce peso hundido,
cual si de blanda pluma y raso fuera,
se plegaba su lecho de granito.

De la sonrisa última
el resplandor divino
guardaba el rostro, como el cielo guarda
del sol que muere el rayo fugitivo.

Del cabezal de piedra
sentados en el filo,
dos ángeles, el dedo sobre el labio,
imponían silencio en el recinto.

No parecía muerta;
de los arcos macizos
parecía dormir en la penumbra,
y que en sueños veía el paraíso.

Me acerqué de la nave
al ángulo sombrío
con el callado paso que llegamos
junto a la cuna donde duerme un niño.

La contemplé un momento,
y aquel resplandor tibio,
aquel lecho de piedra que ofrecía
próximo al muro otro lugar vacío,

en el alma avivaron
la sed de lo infinito,
el ansia de esa vida de la muerte
para la que un instante son los siglos...

Cansado del combate
en que luchando vivo,
alguna vez me acuerdo con envidia
de aquel rincón oscuro y escondido.

De aquella muda y pálida
mujer me acuerdo y digo:
—¡Oh, qué amor tan callado, el de la muerte!
¡Qué sueño el del sepulcro, tan tranquilo!

Dices que tienes corazón, y sólo...

Dices que tienes corazón, y sólo
lo dices porque sientes sus latidos.
Eso no es corazón...; es una máquina
que, al compás que se mueve, hace ruido.

Fingiendo realidades...

Fingiendo realidades
con sombra vana,
delante del Deseo
va la Esperanza.

Y sus mentiras,
como el fénix, renacen
de sus cenizas.

Una mujer me ha envenenado el alma...

Una mujer me ha envenenado el alma,
otra mujer me ha envenenado el cuerpo;
ninguna de las dos vino a buscarme,
yo de ninguna de las dos me quejo.

Como el mundo es redondo, el mundo rueda;
si mañana, rodando, este veneno
envenena a su vez ¿por qué acusarme?
¿Puedo dar más de lo que a mí me dieron?

Leyendas

La promesa

I

Margarita lloraba con el rostro oculto entre las manos; lloraba sin gemir, pero las lágrimas corrían silenciosas a lo largo de sus mejillas, deslizándose por entre sus dedos para caer en la tierra hacia la que había doblado su frente.

Junto a Margarita estaba Pedro, quien levantaba de cuando en cuando los ojos para mirarla, y viéndola llorar tornaba a bajarlos, guardando a su vez un silencio profundo.

Y todo callaba a su alrededor y parecía respetar su pena. Los rumores del campo se apagaban; el viento de la tarde dormía, y las sombras comenzaban a envolver los espesos árboles del soto.

Así transcurrieron algunos minutos, durante los cuales se acabó de borrar el rastro de luz que el sol había dejado al morir en el horizonte; la luna comenzó a dibujarse vagamente sobre el fondo violado del cielo del crepúsculo, y una tras otra fueron apareciendo las mayores estrellas.

Pedro rompió al fin aquel silencio angustioso, exclamando con voz sorda y entrecortada y como si hablase consigo mismo:

—¡Es imposible..., imposible!

Después, acercándose a la desconsolada niña y tomando una de sus manos, prosiguió con acento más cariñoso y suave:

—Margarita, para ti el amor es todo, y tú no ves nada más allá del amor. No obstante, hay algo tan respetable como nuestro cariño, y es mi deber. Nuestro señor el conde de Gómara parte mañana de su castillo para reunir su hueste a las del rey don Fernando, que va a sacar a Sevilla del poder de los infieles, y yo debo partir con el conde. Huérfano oscuro, sin nombre y sin familia, a él le debo cuanto soy. Yo le he servido en el ocio de las paces, he dormido bajo su techo, me he calentado en su hogar y he comido el pan de su mesa. Si hoy le abandono, mañana sus hombres de armas, al salir en tropel por las poternas de su castillo, preguntarán maravillados de no verme: «¿Dónde está el escudero favorito del conde de Gómara?» Y mi señor callará con vergüenza, y sus pajes y sus bufones dirán en son de mofa: «El escudero del conde no es más que un galán de justas, un lidiador de cortesía.»

Al llegar a este punto, Margarita levantó sus ojos llenos de lágrimas para fijarlos en los de su amante,

y removió los labios como para dirigirle la palabra; pero su voz se ahogó en un sollozo.

Pedro, con acento aún más dulce y persuasivo, prosiguió así:

—No llores, por Dios, Margarita; no llores, porque tus lágrimas me hacen daño. Voy a alejarme de ti; mas yo volveré después de haber conseguido un poco de gloria para mi nombre oscuro...

»El cielo nos ayudará en la santa empresa; conquistaremos Sevilla, y el rey nos dará feudos en las riberas del Guadalquivir a los conquistadores. Entonces volveré en tu busca y nos iremos juntos a habitar aquel paraíso de los árabes, donde dicen que hasta el cielo es más limpio y más azul que el de Castilla.

»Volveré, te lo juro; volveré a cumplir la palabra solemne empeñada el día en que puse en tus manos ese anillo, símbolo de una promesa.»

—¡Pedro! —exclamó entonces Margarita dominando su emoción y con voz resuelta y firme—. Ve, ve a mantener tu honra. —Y al pronunciar estas palabras, se arrojó por última vez en brazos de su amante. Después añadió con acento más sordo y conmovido—: Ve a mantener tu honra, pero vuelve..., vuelve a traerme la mía.

Pedro besó la frente de Margarita, desató su caballo, que estaba sujeto a uno de los árboles del soto, y se alejó al galope por el fondo de la alameda.

Margarita siguió a Pedro con los ojos hasta que su sombra se confundió entre la niebla de la noche; y cuando ya no pudo distinguirle, se volvió lentamente al lugar, donde la aguardaban sus hermanos.

—Ponte tus vestidos de gala —le dijo uno de ellos al entrar—, que mañana vamos a Gómara con todos los vecinos del pueblo para ver al conde que se marcha a Andalucía.

—A mí más me entristece que me alegra ver irse a los que no han de volver —respondió Margarita con un suspiro.

—Sin embargo —insistió el otro hermano— has de venir con nosotros y has de venir compuesta y alegre: así no dirá la gente murmuradora que tienes amores en el castillo y que tus amores se van a la guerra.

II

Apenas rayaba en el cielo la primera luz del alba, cuando empezó a oírse por todo el campo de Gómara la aguda trompetería de los soldados del conde, y los campesinos que llegaban en numerosos grupos de los lugares cercanos vieron desplegarse al viento el pendón señorial en la torre más alta de la fortaleza.

Unos sentados al borde de los fosos, otros subidos en las copas de los árboles, éstos vagando por la llanura, aquéllos coronando las cumbres de las colinas, los de más allá formando un cordón a lo largo de la calzada, ya haría cerca de una hora que los curiosos esperaban el espectáculo, no sin que algunos comenzaran a impacientarse, cuando volvió a sonar de nuevo el toque de los clarines, rechinaron las cadenas del puente, que cayó con pausa sobre el foso, y se levantaron los rastrillos, mientras se abrían de par en par y gimiendo sobre sus goznes las pesadas puertas del arco que conducía al patio de armas.

La multitud corrió a agolparse en los ribazos del camino para ver más a su sabor las brillantes armaduras y los lujosos arreos del séquito del conde de Gómara, célebre en toda la comarca por su esplendidez y sus riquezas.

Rompieron la marcha los farautes que, deteniéndose de trecho en trecho, pregonaban en voz alta y a son de caja las cédulas del rey llamando a sus feudatarios a la guerra de moros, y requiriendo a las villas y lugares libres para que diesen paso y ayuda a sus huestes.

A los farautes siguieron los heraldos de corte, ufanos con sus casullas de seda, sus escudos bordados de oro y colores y sus birretes guarnecidos de plumas vistosas.

Después vino el escudero mayor de la casa, armado de punta en blanco, caballero sobre un potro morcillo, llevando en sus manos el pendón de ricohombre con sus motes y sus calderas, y al estribo izquierdo el ejecutor de las justicias del señorío, vestido de negro y rojo.

Precedían al escudero mayor hasta una veintena de aquellos famosos trompeteros de la tierra llana, célebres en las crónicas de nuestros reyes por la increíble fuerza de sus pulmones.

Cuando dejó de herir el viento el agudo clamor de la trompetería, comenzó a oírse un rumor sordo, acompasado y uniforme. Eran los peones de la mesnada, armados de largas picas y provistos de sendas adargas de cuero. Tras éstos no tardaron en aparecer los aparejadores de las máquinas, con sus herramientas y sus torres de palo, las cuadrillas de escaladores y la gente menuda del servicio de las acémilas.

Luego, envueltos en la nube de polvo que levantaban los cascos de sus caballos, y lanzando chispas de luz de sus petos de hierros, pasaron los hombres de armas del castillo formados en gruesos pelotones, que semejaban a lo lejos un bosque de lanzas.

Por último, precedido de los timbaleros, que montaban poderosas mulas con gualdrapas y penachos, rodeado de sus pajes, que vestían ricos trajes

de seda y oro, y seguido de los escuderos de su casa, apareció el conde.

Al verle, la multitud levantó un clamor inmenso para saludarle, y entre la confusa vocería se ahogó el grito de una mujer, que en aquel momento cayó desmayada y como herida de un rayo en los brazos de algunas personas que acudieron a socorrerla. Era Margarita, Margarita que había conocido a su misterioso amante en el muy alto y muy temido conde de Gómara, uno de los más nobles y poderosos feudatarios de la corona de Castilla.

III

El ejército de don Fernando, después de salir de Córdoba, había venido por sus jornadas a Sevilla, no sin haber luchado antes en Ecija, Carmona y Alcalá del Río de Guadaira, donde, una vez expugnado el famoso castillo, puso los reales a la vista de la ciudad de los infieles.

El conde de Gómara estaba en la tienda sentado en un escaño de alerce, inmóvil, pálido, terrible, las manos cruzadas sobre la empuñadura del montante y los ojos fijos en el espacio, con esa vaguedad del que parece mirar un objeto y, sin embargo, no ve nada de cuanto hay a su alrededor.

A un lado y de pie, le hablaba el más antiguo de los escuderos de su casa, el único que en aquellas horas de negra melancolía hubiera osado interrumpirle sin atraer sobre su cabeza la explosión de su cólera:

—¿Qué tenéis, señor? —le decía—. ¿Qué mal os aqueja y consume? Triste vais al combate y triste volvéis, aun tornando con la victoria. Cuando todos los guerreros duermen rendidos a la fatiga del día, os oigo suspirar angustiado; y si corro a vuestro lecho, os miro allí luchar con algo invisible que os atormenta. Abrís los ojos, y vuestro terror no se desvanece. ¿Qué os pasa, señor? Decídmelo. Si es un secreto, yo sabré guardarlo en el fondo de mi memoria como en un sepulcro.

El conde parecía no oír al escudero; no obstante, después de un largo espacio, y como si las palabras hubiesen tardado todo aquel tiempo en llegar desde sus oídos a su inteligencia, salió poco a poco de su inmovilidad y, atrayéndole hacia sí cariñosamente, le dijo con voz grave y reposada:

—He sufrido mucho en silencio. Creyéndome juguete de una vana fantasía, hasta ahora he callado por vergüenza; pero no, no es ilusión lo que me sucede.

»Yo debo hallarme bajo la influencia de alguna maldición terrible. El cielo o el infierno deben de

querer algo de mí, y lo avisan con hechos sobrenaturales.

»¿Te acuerdas del día de nuestro encuentro con los moros de Nebrija en el alfarafe de Triana? Eramos pocos; la pelea fue dura y yo estuve a punto de perecer. Tú lo viste: en lo más reñido del combate, mi caballo, herido y ciego de furor, se precipitó hacia el grueso de la hueste mora. Yo pugnaba en balde por contenerle; las riendas se habían escapado de mis manos, y el fogoso animal corría llevándome a una muerte segura.

»Ya los moros, cerrando sus escuadrones, apoyaban en tierra el cuento de sus largas picas para recibirme en ellas; una nube de saetas silbaba en mis oídos: el caballo estaba a algunos pies de distancia del muro de hierro en que íbamos a estrellarnos, cuando..., créeme, no fue una ilusión, vi una mano que agarrándole de la brida lo detuvo con una fuerza sobrenatural, y volviéndole en dirección a las filas de mis soldados, me salvó milagrosamente.

»En vano pregunté a uno y otros por mi salvador; nadie le conocía, nadie le había visto.

»—Cuando volabais a estrellaros en la muralla de picas —me dijeron—, ibais solo, completamente solo; por eso nos maravillamos al veros tornar, sabiendo que ya el corcel no obedecía al jinete.

»Aquella noche entré, preocupado en mi tienda;

quería en vano arrancarme de la imaginación el recuerdo de la extraña aventura; mas al dirigirme al lecho, torné a ver la misma mano, una mano hermosa, blanca hasta la palidez, que descorrió cortinas, desapareciendo después de descorrerlas. Desde entonces, a todas horas, en todas partes, estoy viendo esa mano misteriosa que previene mis deseos y se adelanta a mis acciones. La he visto, al expugnar el castillo de Triana, coger entre sus dedos y partir en el aire una saeta que venía a herirme; la he visto, en los banquetes donde procuraba ahogar mi pena entre la confusión y el tumulto, escanciar el vino de mi copa, y siempre se halla delante de mis ojos, y por donde voy me sigue: en la tienda, en el combate, de día, de noche..., ahora mismo, mírala, mírala aquí apoyada suavemente en mis hombros.»

Al pronunciar estas últimas palabras, el conde se puso de pie y dio algunos pasos como fuera de sí, embargado de un terror profundo.

El escudero se enjugó una lágrima que corría por sus mejillas. Creyendo loco a su señor, no insistió, sin embargo, en contrariar sus ideas y se limitó a decirle en voz profundamente conmovida:

—Venid..., salgamos un momento de la tienda; acaso la brisa de la tarde refrescará vuestras sienes, calmando ese incomprensible dolor, para el que yo no hallo palabras de consuelo.

IV

El real de los cristianos se extendía por todo el campo de Guadaira, hasta tocar la margen izquierda del Guadalquivir. Enfrente del real y destacándose sobre el luminoso horizonte, se alzaban los muros de Sevilla flanqueados de torres almenadas y fuertes. Por encima de la corona de almenas rebosaba la verdura de los mil jardines de la morisca ciudad, y entre las oscuras manchas del follaje lucían los miradores blancos como la nieve, los minaretes de las mezquitas y la gigantesca atalaya, sobre cuyo aéreo pretil lanzaban chispas de luz, heridas por el sol, las cuatro grandes bolas de oro, que desde el campo de los cristianos parecían cuatro llamas.

La empresa de don Fernando, una de las más heroicas y atrevidas de aquella época, había traído a su alrededor a los más célebres guerreros de los diferentes reinos de la Península, no faltando algunos que de países extraños y distantes vinieran también, llamados por la fama, a unir sus esfuerzos a los del santo rey.

Tendidas a lo largo de la llanura, mirábanse, pues, tiendas de campaña de todas formas y colores, sobre el remate de las cuales ondeaban al vien-

to distintas enseñas con escudos partidos, astros, grifos, leones, cadenas, barras y calderas, y otras cien y cien figuras o símbolos heráldicos que pregonaban el nombre y la calidad de sus dueños. Por entre las calles de aquella improvisada ciudad circulaba en todas direcciones multitud de soldados, que hablaban dialectos diversos, y vestido cada cual al uso de su país y cada cual armado a su guisa, formando un extraño y pintoresco contraste.

Aquí descansaban algunos señores de las fatigas del combate sentados en escaños de alerce a la puerta de sus tiendas y jugaban a las tablas, en tanto que sus pajes les escanciaban el vino en copas de metal; allí algunos peones aprovechaban un momento de ocio para aderezar y componer sus armas, rotas en la última refriega; más allá cubrían de saetas un blanco los más expertos ballesteros de la hueste entre las exclamaciones de la multitud, pasmada de su destreza; y el rumor de los tambores, el clamor de las trompetas, las voces de los mercaderes ambulantes, el golpear del hierro contra el hierro, los cánticos de los juglares que entretenían a sus oyentes con la relación de hazañas portentosas, y los gritos de los farautes que publicaban las ordenanzas de los maestros de campo, llenado los aires de mil y mil ruidos discordes, prestaban a aquel cuadro de costumbres gue-

rreras una vida y una animación imposibles de pintar con palabras.

El conde de Gómara, acompañado de su fiel escudero, atravesó por entre los animados grupos sin levantar los ojos de la tierra, silencioso, triste, como si ningún objeto hiriese su vista ni llegase a su oído el rumor más leve. Andaba maquinalmente, a la manera que un sonámbulo, cuyo espíritu se agita en el mundo de los sueños, se mueve y marcha sin la conciencia de sus acciones y como arrastrado por una voluntad ajena a la suya.

Próximo a la tienda del rey y en medio de un corro de soldados, pajecillos y gente menuda que le escuchaban con boca abierta, apresurándose a comprarle algunas de las baratijas que anunciaba a voces y con hiperbólicos encomios, había un extraño personaje, mitad romero, mitad juglar, que ora recitando una especie de letanía en latín bárbaro, ora diciendo una bufonada o una chocarrería mezclaba en su interminable relación chistes capaces de poner colorado a un ballestero con oraciones devotas, historias de amores picarescos con leyendas de santos. En las inmensas alforjas que colgaban de sus hombros se hallaban revueltos y confundidos mil objetos diferentes: cintas tocadas en el sepulcro de Santiago; cédulas con palabras que él decía ser hebraicas, las mismas que dijo el rey Salomón cuan-

do fundaba el templo, y las únicas para libertarse de toda clase de enfermedades contagiosas; bálsamos maravillosos para pegar a hombres partidos por la mitad; Evangelios cosidos en bolsitas de brocatel; secretos para hacerse amar de todas las mujeres; reliquias de los santos patronos de todos los lugares de España; joyuelas, cadenillas, cinturones, medallas y otras baratijas de alquimia, de vidrio y plomo.

Cuando el conde llegó cerca del grupo que formaban el romero y sus admiradores, comenzaba éste a templar una especie de bandolín o guzla árabe con que se acompañaba en la relación de sus romances. Después que hubo estirado bien las cuerdas una tras otra y con mucha calma, mientras su acompañante daba la vuelta al corro sacando los últimos cornados de la flaca escarcela de los oyentes, el romero empezó a cantar con voz gangosa y con un aire monótono y plañidero un romance que siempre terminaba con el mismo estribillo.

El conde se acercó al grupo y prestó atención. Por una coincidencia, al parecer extraña, el título de aquella historia respondía en un todo a los lúgubres pensamientos que embargaban su ánimo. Según había anunciado el cantor antes de comenzar, el romance se titulaba el *Romance de la mano muerta*.

Al oír el escudero tan extraño anuncio, pugnó por arrancar a su señor de aquel sitio, pero el conde, con los ojos fijos en el juglar, permaneció inmóvil, escuchando esta cantiga:

I

La niña tiene un amante
que escudero se decía;
el escudero le anuncia
que a la guerra se partía.
—Te vas y acaso no tornes.
—Tornaré por vida mía.—
Mientras el amante jura,
diz que el viento repetía:
¡Mal haya quien en promesas
de hombre fía!

II

El conde con la mesnada
de su castillo salía:
ella, que le ha conocido,
con gran afición gemía:
—¡Ay de mí, que se va el conde
y se lleva la honra mía!—
Mientras la cuitada llora,

diz que el viento repetía:
¡Mal haya quien en promesas
de hombre fía!

III

Su hermano, que estaba allí,
estas palabras oía:
—Nos has deshonrado dice.
—Me juró que tornaría.
—No te encontrará, si torna,
donde encontrarte solía.—
Mientras la infelice muere,
diz que el viento repetía:
¡Mal haya quien en promesas
de hombre fía!

IV

Muerta la llevan al soto,
la han enterrado en la umbría;
por más tierra que le echaban,
la mano no se cubría:
la mano donde un anillo
que le dio el conde tenía.
De noche, sobre la tumba,
diz que el viento repetía:

¡Mal haya quien en promesas
de hombre fía!

Apenas el cantor había terminado la última estrofa, cuando rompiendo el muro de curiosos, que se apartaban con respeto al reconocerle, el conde llegó a donde se encontraba el romero, y cogiéndole con fuerza del brazo le preguntó en voz baja y convulsa:

—¿De qué tierra eres?

—De tierra de Soria —le respondió éste sin alterarse.

—¿Y dónde has aprendido ese romance? ¿A quién se refiere la historia que cuentas? —volvió a exclamar su interlocutor, cada vez con muestras de emoción más profundas.

—Señor —dijo el romero clavando sus ojos en los del conde con una fijeza imperturbable—, esta cantiga la repiten de unos en otros los aldeanos del campo de Gómara y se refiere a una desdichada cruelmente ofendida por un poderoso. Altos juicios de Dios han permitido que al enterrarla quedase siempre fuera de la sepultura la mano en que su amante le puso un anillo al hacerle una promesa. Vos sabréis quizá a quién toca cumplirla.

V

En un lugarejo miserable y que se encuentra a un lado del camino que conduce a Gómara, he visto no hace mucho el sitio en donde se asegura tuvo lugar la extraña ceremonia del casamiento del conde.

Después que éste, arrodillado sobre la humilde fosa, estrechó en la suya la mano de Margarita, y un sacerdote autorizado por el Papa bendijo la lúgubre unión, es fama que cesó el prodigio, y *la mano muerta* se hundió para siempre.

Al pie de unos árboles añosos y corpulentos hay un pedacito de prado, que al llegar la primavera se cubre espontáneamente de flores.

La gente del país dice que allí está enterrada Margarita.

La rosa de pasión

Una tarde de verano, y en un jardín de Toledo, me refirió esta singular historia una muchacha muy buena y muy bonita.

Mientras me explicaba el misterio de su forma especial, besaba las hojas y los pistilos que iba arrancando uno a uno de la flor que da su nombre a esta leyenda.

Si yo la pudiera referir con el suave encanto y la tierna sencillez que tenía en su boca, os conmovería como a mí me conmovió la historia de la infeliz Sara.

Ya que esto no es posible, ahí va lo que de esta tradición se me acuerda en este instante.

I

En una de las callejas más oscuras y tortuosas de la ciudad imperial, empotrada y casi escondida entre la alta morisca de una antigua parroquia mozárabe y los sombríos y blasonados muros de una ca-

sa solariega, tenía hace muchos años su habitación, raquítica, tenebrosa y miserable como su dueño, un judío Daniel Levi.

Era este judío rencoroso y vengativo como todos los de su raza, pero más que ninguno engañador e hipócrita.

Dueño, según los rumores del vulgo, de una inmensa fortuna, veíasele, no obstante, todo el día acurrucado en el sombrío portal de su vivienda, componiendo y aderezando cadenillas de metal, cintos viejos o guarniciones rotas, con las que traía un gran tráfico entre los truhanes del Zocodover, las revendedoras del Postigo y los escuderos pobres.

Aborrecedor implacable de los cristianos y de cuanto a ellos pudiera pertenecer, jamás pasó junto a un caballero principal o un canónigo de la primada sin quitarse una y hasta diez veces el mugriento bonetillo que cubría su cabeza calva y amarillenta, ni acogió en su tenducho a uno de sus habituales parroquianos sin agobiarle a fuerza de humildes salutaciones acompañadas de aduladoras sonrisas.

La sonrisa de Daniel había llegado a hacerse proverbial en todo Toledo, y su mansedumbre, a prueba de las jugarretas pesadas y las burlas y rechiflas de sus vecinos, no conocía límites.

Inútilmente los muchachos, para desesperarle,

tiraban piedras a su tugurio; en vano los pajecillos y hasta los hombres de armas del próximo palacio pretendían aburrirle con los nombres más injurio- sos, o las viejas devotas de la feligresía se santigua- ban al pasar por el umbral de su puerta como si vie- sen al mismo Lucifer en persona. Daniel sonreía eternamente con una sonrisa extraña e indescripti- ble. Sus labios delgados y hundidos se dilataban a la sombra de su nariz enorme y corva, como el pi- co de un aguilucho; y aunque de sus ojos pequeños, verdes, redondos y casi ocultos entre las espesas cejas brotaba una chispa de mal reprimida cólera, seguía impasible golpeando con su martillo de hie- rro el yunque donde aderezaba las mil baratijas mo- hosas y, al parecer, sin aplicación alguna de que se componía su tráfico.

Sobre la puerta de la casucha del judío y dentro de un marco de azulejos de vivos colores, se abría un ajimez árabe, resto de las antiguas construccio- nes de los moros toledanos. Alrededor de las cala- das franjas del ajimez, y enredándose por la colum- nilla de mármol que lo partía en dos huecos iguales, subía desde el interior de la vivienda una de esas plantas trepadoras que se mecen verdes y llenas de savia y lozanía sobre los ennegrecidos muros de los edificios ruinosos.

En la parte de la casa que recibía una dudosa luz

por los estrechos vanos de aquel ajimez, único abierto en el musgoso y agrietado paredón de la calleja, habitaba Sara, la hija predilecta de Daniel.

Cuando los vecinos del barrio pasaban por delante de la tienda del judío y veían por casualidad a Sara tras una de las celosías de su ajimez morisco y a Daniel acurrucado junto a su yunque, exclamaban en voz alta, admirados de las perfecciones de la hebrea:

—¡Parece mentira que tan ruin tronco haya dado de sí tan hermoso vástago!

Porque, en efecto, Sara era un prodigio de belleza. Tenía los ojos grandes y rodeados de un sombrío cerco de pestañas negras, en cuyo fondo brillaba el punto de luz de su ardiente pupila, como una estrella en el cielo de una noche oscura. Sus labios, encendidos y rojos, parecían recortados hábilmente en un paño de púrpura por las invisibles manos de un hada. Su tez era blanca, pálida y transparente como el alabastro de la estatua de un sepulcro. Contaba apenas dieciséis años, y ya se veía grabada en su rostro esa dulce tristeza de las inteligencias precoces, y ya hinchaban su seno y esperaban de su boca esos suspiros que anuncian el vago despertar del deseo.

Los judíos más poderosos de la ciudad, prendados de su maravillosa hermosura, la habían solicitado para esposa; pero la hebrea, insensible a los

homenajes de sus adoradores y a los consejos de su padre, que la instaba para que eligiese un compañero antes de quedar sola en el mundo, se mantenía encerrada en un profundo silencio, sin dar más razón de su extraña conducta que el capricho de permanecer libre. Al fin, un día, cansado de sufrir los desdenes de Sara y sospechando que su eterna tristeza era indicio cierto de que su corazón abrigaba algún secreto importante, uno de sus adoradores se acercó a Daniel y le dijo:

—¿Sabes, Daniel, que entre nuestros hermanos se murmura de tu hija?

El judío levantó un instante los ojos de su yunque, suspendió su continuo martilleo y, sin mostrar la menor emoción, preguntó a su interpelante:

—¿Y qué dicen de ella?

—Dicen —prosiguió su interlocutor—, dicen..., qué sé yo..., muchas cosas..., entre otras, que tu hija está enamorada de un cristiano... —Al llegar a este punto, el desdeñado amante de Sara se detuvo para ver el efecto que sus palabras hacían en Daniel.

Daniel levantó de nuevo sus ojos, le miró un rato fijamente sin decir palabra, y bajando otra vez la vista para seguir su interrumpida tarea, exclamó:

—¿Y quién dice que eso no es una calumnia?

—Quien los ha visto conversar más de una vez en esta misma calle, mientras tú asistes al oculto sa-

nedrín de nuestros rabinos —insistió el joven hebreo admirado de que sus sospechas primero y después sus afirmaciones no hiciesen mella en el ánimo de Daniel.

Este, sin abandonar su ocupación, fija la mirada en el yunque, sobre el que después de dejar a un lado el martillo, se ocupaba de bruñir el broche de metal de una guarnición con una pequeña lima, comenzó a hablar en voz baja y entrecortada, como si maquinalmente fuesen repitiendo sus labios las ideas que cruzaban por su mente.

—¡Je! ¡Je! ¡Je! —decía riéndose de una manera extraña y diabólica—. ¿Conque a mi Sara, el orgullo de la tribu, el báculo en que se apoya mi vejez, piensa arrebatármela un perro cristiano?... ¿Y vosotros creéis que lo hará? ¡Je! ¡Je! —continuaba hablando para sí y siempre riéndose, mientras la lima chirriaba cada vez con más fuerza, mordiendo el metal con sus dientes de acero—. ¡Je! ¡Je! Pobre Daniel, dirán los míos, ¡ya chochea! ¿Para qué quiere ese viejo moribundo y decrépito esa hija tan hermosa y tan joven, si no sabe resguardarla de los codiciosos ojos de nuestros enemigos?... ¡Je! ¡Je! ¡Je! ¿Crees tú por ventura que Daniel duerme? ¿Crees tú por ventura que si mi hija tiene un amante..., que bien puede ser, y ese amante es cristiano y procura seducirla, y la seduce, que todo es posible, y proyecta huir

con ella, que también es fácil, y huye mañana, por ejemplo, lo cual cabe dentro de lo humano, crees tú que Daniel se dejará así arrebatar su tesoro, crees tú que no sabrá vengarse?

—Pero —exclamó, interrumpiendo el joven— ¿sabéis acaso...?

—Sé —dijo Daniel, levantándose y dándole un golpecito en la espalda—, sé más que tú, que nada sabes ni nada sabrías si no hubiese llegado la hora de decirlo todo... Adiós; avisa a nuestros hermanos para que cuanto antes se reúnan. Esta noche, dentro de una o dos horas, yo estaré con ellos. ¡Adiós!

Y esto diciendo, Daniel empujó suavemente a su interlocutor hacia la calle, recogió sus trebejos muy despacio, y comenzó a cerrar con dobles cerrojos y aldabas la puerta de la tiendecilla.

El ruido que produjo ésta al encajarse rechinando sobre sus premisos goznes, impidió al que se alejaba oír el rumor de las celosías del ajimez, que en aquel punto cayeron de golpe, como si la judía acabara de retirarse de su alféizar.

II

Era la noche de Viernes Santo, y los habitantes de Toledo, después de haber asistido a las tinieblas

en su magnífica catedral, acababan de entregarse al sueño, o referían al amor de la lumbre consejas parecidas a la del *Cristo de la luz*, que, robado por unos judíos, dejó un rastro de sangre por el cual se descubrió el crimen, o la historia del *Santo niño de la Guarda*, en quien los implacables enemigos de nuestra fe renovaron la cruel pasión de Jesús. Reinaba en la ciudad un silencio profundo, interrumpido a intervalos, ya por las lejanas voces de los guardianes nocturnos que en aquella época celaban en derredor del alcázar, ya por los gemidos del viento que hacía girar las veletas de las torres o zumbaba entre las torcidas revueltas de las calles, cuando el dueño de un barquichuelo que se mecía amarrado a un poste cerca de los molinos, que parecen como incrustados al pie de las rocas que baña el Tajo y sobre las que se asienta la ciudad, vio aproximarse a la orilla, bajando trabajosamente por uno de los estrechos senderos que desde lo alto de los muros conducen al río, a una persona a quien al parecer aguardaba con impaciencia.

—¡Ella es! —murmuró entre dientes el barquero—. ¡No parece sino que esta noche anda revuelta toda esa endiablada raza de judíos!... ¿Dónde diantres se tendrán dada cita con Satanás, que todos acuden a mi barca teniendo tan cerca el puente?... No, no irán a nada bueno, cuando así evitan topar-

se de manos a boca con los hombres de armas de San Servando...; pero, en fin, ello es que me dan buenos dineros a ganar, y a su alma su palma, que yo en nada entro ni salgo.

Esto diciendo el buen hombre, sentándose en su barca aparejó los remos, y cuando Sara, que no era otra la persona a quien al parecer había aguardado hasta entonces, hubo saltado al barquichuelo, soltó la amarra que lo sujetaba y comenzó a bogar en dirección a la orilla opuesta.

—¿Cuántos han pasado esta noche? —preguntó Sara al barquero apenas se hubieron alejado de los molinos y como refiriéndose a algo de que ya habían tratado anteriormente.

—Ni los he podido contar —respondió el interpelado—; ¡un enjambre!... Parece que esta noche será la última que se reúnen.

—¿Y sabes de qué tratan y con qué objeto abandonan la ciudad a estas horas?

—Lo ignoro...; pero ello es que aguardan a alguien que debe llegar esta noche... Yo no sé para qué le aguardarán, aunque presumo que para nada bueno.

Después de este breve diálogo, Sara se mantuvo algunos instantes sumida en un profundo silencio y como tratando de coordinar sus ideas. «No hay duda —pensaba entre sí—; mi padre ha sor-

prendido nuestro amor y prepara alguna venganza horrible. Es preciso que yo sepa a dónde van, qué hacen, qué intentan. Un momento de vacilación podría perderle.»

Cuando Sara se puso un instante de pie, y como para alejar las horribles dudas que la preocupaban se pasó la mano por la frente, que la angustia había cubierto de un sudor glacial, la barca tocaba a la orilla opuesta.

—Bueno hombre —dijo la hermosa hebrea arrojando algunas monedas a su conductor y señalando un camino estrecho que subía serpenteando por entre las rocas—, ¿es ése el camino que siguen?

—Ese es, y cuando llegan a la *Cabeza del Moro* desaparecen por la izquierda. Después el diablo y ellos sabrán a dónde se dirigen —respondió el barquero.

Sara se alejó en la dirección que éste le había indicado. Durante algunos minutos se la vio aparecer y desaparecer alternativamente entre aquel oscuro laberinto de rocas oscuras y cortadas a pico; después, y cuando hubo llegado a la cima llamada la *Cabeza del Moro*, su negra silueta se dibujó un instante sobre el fondo azul del cielo, y por último desapareció entre las sombras de la noche.

III

Siguiendo el camino donde hoy se encuentra la pintoresca ermita de la Virgen del Valle, y como a dos tiros de ballesta del picacho que el vulgo conoce en Toledo por la *Cabeza del Moro*, existían aún en aquella época los ruinosos restos de una iglesia bizantina, anterior a la conquista de los árabes.

En el atrio que dibujaban algunos pedruscos diseminados por el suelo, crecían zarzales y hierbas parásitas, entre los que yacían medio ocultos, ya el destrozado capitel de una columna, ya un sillar groseramente esculpido con hojas entrelazadas, endriagos horribles y grotescos de informes figuras humanas. Del templo sólo quedaban en pie los muros laterales y algunos arcos rotos y cubiertos de hiedra.

Sara, a quien parecía guiar un sobrenatural presentimiento, al llegar al punto que le había señalado su conductor, vaciló algunos instantes, indecisa acerca del camino que debía seguir; pero, por último, se dirigió con paso firme y resuelto hacia las abandonadas ruinas de la iglesia.

En efecto, su instinto no la había engañado. Daniel, que ya no sonreía, Daniel que no era ya el viejo débil y humilde, sino que antes bien, despidiendo cólera de sus pequeños y redondos ojos,

parecía animado del espíritu de la venganza, rodeado de una multitud, como él, ávida de saciar su sed de odio en uno de los enemigos de su religión, estaba allí y parecía multiplicarse dando órdenes a los unos, animando en el trabajo a los otros, disponiendo, en fin, con una horrible solicitud de aprestos necesarios para la consumación de la espantosa obra que había estado meditando días y días mientras golpeaba impasible el yunque en su covacha de Toledo.

Sara, que a favor de la oscuridad había logrado llegar hasta el atrio de la iglesia, tuvo que hacer un esfuerzo supremo para no arrojar un grito de horror al penetrar en su interior con la mirada. Al rojizo resplandor de una fogata que proyectaba la forma de aquel círculo infernal en los muros del templo, había creído ver que algunos hacían esfuerzos por levantar en alto una pesada cruz, mientras otros tejían una corona con las ramas de los zarzales y aplastaban sobre una piedra las puntas de enormes clavos de hierro. Una idea espantosa cruzó por su mente; recordó que a los de su raza los habían acusado una vez de misteriosos crímenes; recordó vagamente la aterradora historia del *Niño Crucificado*, que ella hasta entonces había creído una grosera calumnia, inventada por el vulgo para apostrofar y zaherir a los hebreos.

Pero ya no le cabía duda alguna: allí, delante de sus ojos, estaban aquellos horribles instrumentos de martirio, y los feroces verdugos sólo aguardaban la víctima.

Sara, llena de una santa indignación, rebosando en generosa ira y animada de esa fe inquebrantable en el verdadero Dios que su amante le había revelado, no pudo contenerse a la vista de aquel espectáculo, y rompiendo por entre la maleza que la ocultaba, presentóse de improviso en el umbral del templo.

Al verla aparecer, los judíos arrojaron un grito de sorpresa; Daniel, dando un paso hacia su hija en ademán amenazador, le preguntó con voz ronca:

—¿Qué buscas aquí, desdichada?

—Vengo a arrojar sobre vuestras frentes —dijo Sara con voz firme y resuelta— todo el baldón de vuestra infame obra, y vengo a deciros que en vano esperáis la víctima para el sacrificio, si ya no es que intentáis cebar en mí vuestra sed de sangre, porque el cristiano a quien aguardáis no vendrá, porque yo le he prevenido de vuestras asechanzas.

—¡Sara! —exclamó el judío, rugiendo de cólera—. Sara, eso no es verdad; tú no puedes habernos hecho traición hasta el punto de revelar nuestros misteriosos ritos; y si es verdad que los has revelado, tú no eres mi hija...

—No; ya no lo soy: he encontrado otro padre, un padre todo amor para los suyos, un padre a quien vosotros enclavásteis en una afrentosa cruz, y que murió en ella por redimirnos, abriéndonos por la eternidad las puertas del cielo. No; ya no soy vuestra hija, porque soy cristiana y me avergüenzo de mi origen.

Al oír estas palabras, pronunciadas con esa enérgica entereza que sólo pone el cielo en boca de los mártires, Daniel, ciego de furor, se arrojó sobre la hermosa hebrea, y derribándola en tierra y asiéndola por los cabellos, la arrastró como poseído de un espíritu infernal hasta el pie de la cruz, que parecía abrir sus descarnados brazos para recibirla, exclamando al dirigirse a los que les rodeaban:

—Ahí os la entrego; haced vosotros justicia de esa infame, que ha vendido su honra, su religión y a sus hermanos.

IV

Al día siguiente, cuando las campanas de la catedral atronaban los aires tocando a gloria, y los honrados vecinos de Toledo se entretenían en tirar ballestazos a los judíos de paja, ni más ni menos que como todavía lo hacen en algunas de nuestras po-

blaciones, Daniel abrió la puerta de su tenducho, como tenía de costumbre, y con su eterna sonrisa en los labios comenzó a saludar a los que pasaban, sin dejar por eso de golpear en el yunque con su martillo de hierro; pero las celosías del morisco ajimez de Sara no volvieron a abrirse, ni nadie vio más a la hermosa hebrea recostada en su alféizar de azulejos de colores.

...

Cuentan que algunos años después un pastor trajo al arzobispo una flor hasta entonces nunca vista, en la cual se veían figurados todos los atributos del martirio del Salvador; flor extraña y misteriosa que había crecido y enredado sus tallos por entre los ruinosos muros de la derruida iglesia.

Cavando en aquel lugar y tratando de inquirir el origen de aquella maravilla, añaden que se halló el esqueleto de una mujer y enterrados con ella otros tantos atributos como la flor tenía.

El cadáver, aunque nunca se pudo averiguar de quién era, se conservó por largos años con veneración especial en la ermita de San Pedro, y la flor, que hoy se ha hecho bastante común, se llama *Rosa de Pasión*.